Elke Wunderlich

Aquarell-Malschule

Blumen, Blüten, Blätter

Frech-Verlag Stuttgart

Inhaltsverzeichnis

Herausgeberin: Ingeborg Ahrenkiel
Fotos : Frech-Verlag GmbH + Co. Druck KG, D -70499 Stuttgart / B. Gutermuth

Auflage: 6. 5. 4. Letzte Zahlen maßgebend
Jahr: 1997

frech-verlag GmbH + Co. Druck KG, D-70499 Stuttgart

ISBN 3-7724-1735-3 · Best.-Nr. 1735
Druck: Frech-Verlag GmbH + Co. Druck KG, D-70499 Stuttgart

Vorwort

Blumen zu malen ist eine lebenserhellende Beschäftigung. Aquarellmalerei und das Thema Blumen, Blüten und Blätter sind eine gelungene Kombination, denn Leichtigkeit und Transparenz der Farben kommen bei dieser Thematik gut zur Geltung.
Auf den ersten Blick scheinen Blumen nicht so hohe Anforderungen an den Maler zu stellen wie etwa ein Stilleben oder ein Porträt. An diese Thematik kann man sich zunächst auch sehr viel unbelasteter herantasten, eher experimentell einsteigen, da sie enorm viel Freiraum beläßt, sei es was Farb- oder Formgebung betrifft, seien es Proportion und Perspektive, die auch nicht immer nachvollziehbar und somit auch nicht auf den ersten Blick zu bewerten sind.

Aber bald nach den ersten Experimenten wird in Vielen das Bedürfnis nach naturgetreuer Wiedergabe wach, der Wille, Differenzierungen zu erlernen und die Beobachtungsgabe bei der Darstellung von Blumen und Blättern zu schulen. Mehr als nur das zufällige Ergebnis wird angestrebt unter Einbeziehung der verschiedensten Einflüsse auf das Motiv, seien es Licht und Schatten, Tages- oder Jahreszeit und vieles mehr.

Es gibt die verschiedensten Methoden, Blumen, Blüten und Pflanzen zu malen. Das Buch soll Sie schrittweise hinführen und Ihnen helfen, mit vielen technischen Möglichkeiten Wirkungen zu erzielen. Mein Rat ist daher auch, möglichst chronologisch vorzugehen. Verstehen Sie die aufgeführten Beispiele als Übungsschritte und nicht als Verpflichtung, sich an diese Motive zu halten. Je eher Sie sich davon befreien, desto schneller werden Sie vorankommen und zu Ihrem eigenen Stil finden.

Ihre

Arbeitsmaterial

Papier

Wie empfindlich Papier grundsätzlich auf Feuchtigkeit reagiert, haben Sie sicherlich schon oft festgestellt. Es wellt sich, wenn man zu naß arbeitet, und es entstehen "Pfützen", in die die Farbe unkontrolliert hineinfließt.
Das liegt an der Beschaffenheit des Papieres. Für seine Herstellung werden feine Pflanzenfasern aus Baumwolle, Leinen, Hanf und Holz in Wasser aufgelöst und eingesumpft. Diesem Brei werden unter anderem faserfremde Füllstoffe und Leime zugesetzt.
Die Masse läuft über ein Siebband, wird entwässert, gepreßt, getrocknet und geglättet. Währenddessen verschlingen sich die Fasern ineinander, verfilzen und formieren sich in Längsrichtung des Laufbandes, der Laufrichtung eines Papieres.
Werden die Papierfasern wieder naß, quellen sie auf und dehnen sich mehr in die Breite, also in die Querrichtung der Papierbahn, daher auch die Bezeichnung: Dehnrichtung.
Die Roh- und Füllstoffe und die Art der Verleimung bestimmen dann im wesentlichen das Verhalten und die Eigenschaft eines Papieres.

Aufgrund minderwertiger Füllstoffe und Leimung mit Harzseife gibt z. B. einfaches Schreibmaschinenpapier die Aquarellfarben nur stumpf wieder. Seine Oberfläche ist empfindlich und krümelt schnell, wenn man mit dem feuchten Pinsel über das Blatt hin- und herstreicht. Die Fasern nehmen schnell Wasser auf und dehnen sich dann sofort aus.

Die Herstellung von Aquarellpapier ist je nach Fabrikat verschieden, überwiegend besteht es aus Hardern und Baumwolle-Leinen-Zellulose-Mischungen und ist tierisch verleimt.
Handgeschöpftes Aquarellpapier ist teurer als maschinell hergestelltes Aquarellpapier.

Gutes Aquarellpapier gibt die Leuchtkraft der Farben besonders brillant wieder, denn es ist so verleimt, daß man die Farbe gleichmäßig auf der Oberfläche verteilen kann.

Sie werden auch unterschiedliche Ergebnisse erreichen, wenn Sie auf trokkenem Aquarellpapier arbeiten oder es anfeuchten und dann kurz trocknen lassen, bevor Sie anfangen zu malen. Diese Unterschiede sollten Sie selbst herausfinden.

Die Arbeiten und Übungen in diesem Buch wurden hauptsächlich auf glattem, weißem und trockenem Papier gemalt. Dennoch sollen Sie hier auch unterschiedliche Papierqualitäten kennenlernen, denn die Farbe verläuft, reagiert und wirkt auf jedem Papier anders, sei es glatt, gehämmert, gekörnt oder rauh.

Sehen Sie sich rechts die Reaktion der Farbe auf unterschiedlichen Papierqualitäten an:

Tip:
Da sich selbst hochwertiges Aquarellpapier bei zu großer Feuchtigkeitseinwirkung verzieht, ist es besser, das Papier mit Krepp-Klebeband aufzuziehen, ganz besonders bei "Naß in Naß-Techniken".

Papierbezeichnung: glatt
Auf diesem Papier sind die meisten der Blumenaquarelle dieses Buches entstanden.

Papierbezeichnung: matt
(Feinkorn oder glatt)

Papierbezeichnung: rauh
(Mittelkorn oder Bütten)

Papierbezeichnung: extra rauh
(Grobkorn oder Torchon, zu deutsch: Scheuertuch)

Pinsel

Wichtig ist eine gute Pinselqualität. Es können Kunsthaarpinsel, aber auch Marderhaarpinsel sein.
Für die Bilder in diesem Buch habe ich hauptsächlich mit Kunsthaarpinseln der Stärke 4 - 12 gearbeitet. Sie sind sehr elastisch, halten die Farbe und geben sie gut wieder ab.
Sie sind zugleich auch ein preiswerter Ersatz für die Echthaarpinsel, zwar nicht ganz so weich und elastisch, aber für die ersten Malübungen ausreichend.
Die Pinselstriche fallen je nach Pinselführung unterschiedlich aus, sie sind abhängig vom Druck, von der Richtung und von der Haltung.

Tip:

Je sorgsamer Sie mit den Pinseln umgehen, desto länger ihre Lebensdauer.
Lassen Sie sie nie im Wasser stehen, stauchen Sie die Pinselhaare nicht oder quetschen gar den Pinsel nach dem Malen in den Aquarellkasten.
Ich reinige die Pinsel mit einer Spülmittellauge, bringe anschließend die Spitze wieder in Form und stelle sie dann mit dem Stil nach unten in ein Glas, möglichst an einen staubfreien Platz.

Farbe

Aquarellfarben bestehen aus hochwertigen, fein pulverisierten Farbpigmenten. Sie sind gebunden mit natürlichen, wasserlöslichen Leimen. Durch den Zusatz eines Netzmittels wird die Verteilbarkeit der Farbpigmente erhöht. Sie enthalten zusätzlich Glyzerin, damit sie sich leicht mit Wasser auflösen und feucht bleiben. Die Gewinnung und Verarbeitung der Grundstoffe ist unterschiedlich in ihrem Aufwand. So erklärt sich auch der unterschiedliche Preis der Farben.

Gute Aquarellfarben sind leuchtkräftig und verhältnismäßig lichtecht. Entscheiden Sie sich für die Künstleraquarellfarben, auch wenn Sie mit der Aquarellmalerei erst beginnen. Sie lassen sich nämlich satt und farbkräftig anrühren und sind auch bei großer Aufhellung mit Wasser im hauchdünnen Farbauftrag noch leuchtkräftig.
Die feine Verteilbarkeit der Farbpigmente hat auch den Vorteil, daß verschiedene Farbtöne fast übergangslos ineinander verlaufen.

Am besten, Sie kaufen einen Aquarellmalkasten und stellen sich Ihre Farben selbst zusammen. Je größer die Näpfe sind, desto besser können Sie daraus Farbe entnehmen und auch entsprechend sparsam arbeiten, denn in die kleinen Näpfe bohrt man unweigerlich Löcher, da man bei der Farbaufnahme den Pinsel senkrecht hält.

Weiß in der Aquarellmalerei sollte das Papierweiß sein oder auch das klare Wasser, also nicht das Aquarellweiß.

Rühren Sie größere Farbvorräte immer in der Palette des Kastens oder auf einer gesonderten Palette an und vermeiden Sie "Pfützen" in den Näpfen, die Ihre Farben bald unbrauchbar machen würden.

Das Verhältnis von Farbe und Wasser

Auf die richtige Dosierung von Farbe und Wasser im Pinsel kommt es an. Arbeiten Sie zu flüssig, fließen die Farben unkontrolliert zusammen, es entstehen konturenlose Flächen.
Nehmen Sie mit dem Pinsel Farbe auf und versuchen Sie einmal, wieviele Pinselstriche Sie damit machen können. Sie werden feststellen, die Farbe reicht länger, als Sie vermuten.

Mischen im Pinsel

Nehmen Sie zwei Farben satt mit dem Pinsel auf, zunächst einen helleren Farbton, dann mit der Pinselspitze einen dunkleren.
Ziehen Sie den gefüllten Pinsel flach über das Blatt. Beobachten Sie beim Auftragen die Wirkung der beiden Farben im Farbstreifen:
Dort, wo beide Farben zusammentreffen, ergibt sich ein leichter Farbübergang.

Mit dieser Technik können Sie Farbflächen beleben, aber auch Helligkeiten und Dunkelheiten setzen. Wie sich das Mischen im Pinsel in ein Motiv einbeziehen läßt, sehen Sie bei vielen Aquarellen in diesem Buch.

An diesem Beispiel sehen Sie, wie lange Sie mit der Pinselfüllung arbeiten können.

Farbnuancen

Während bei Deckfarben durch Weiß ein hellerer Farbton entsteht, ist in der Aquarellmalerei die Farbabstufung abhängig von der Wassermenge.

Aquarellfarben werden nicht deckend aufgetragen, auch ein noch so intensiver, satter Ton soll immer noch den Malgrund durchscheinen lassen, damit der Aquarell-Charakter erhalten bleibt.

Satter Farbton

Die Farbe wird mit soviel Wasser angerührt, daß ein intensiver Ton entsteht. Der Druck auf die Pinselspitze sollte einen helleren Farbton ergeben, jedoch keine zerrissene Fläche.

Kräftiger Farbton

Der Farbe wird soviel Wasser beigemischt, daß sie kräftig leuchtend auf dem Untergrund steht, jedoch bei vermehrtem Druck auf die Pinselspitze ein hellerer Ton entsteht.

Mittlerer Farbton

Wenn die Farbe mit noch mehr Wasser verdünnt wird, ergibt sich daraus ein Farbton, der zwischen der ursprünglichen Farbe und Weiß im mittleren Bereich liegt.
Er ist um mehrere Werte heller als der kräftigere Farbton und gibt das Papierweiß frei, wenn Druck auf die Pinselspitze ausgeübt wird.

Hellerer Farbton

Wenig Farbe wird mit viel Wasser angerührt. Dieser Farbton soll einen zarten, pastellartigen Überzug ergeben.

Für diese Übung wurde Englischrot in intensiver Konsistenz angerührt, die Pinselspitze abgestreift und die Farbe aufgetragen.

Sehen Sie an dem Beispiel unten, wie lange man mit einer Pinselfüllung arbeiten kann und wie sich die Farbe dabei verhält.

Übungen für einen kontrollierten Pinselstrich

Kontrollierte Strichstärke breit

Halten Sie den Pinsel wie einen Bleistift und legen Sie die Hand auf das Papier. Führen Sie ihn langsam und gleichmäßig von oben nach unten über das Papier. Die Finger werden dabei nicht bewegt.

Kontrollierte Strichstärke fein

Legen Sie die Hand auf und halten Sie den Pinsel wie einen Bleistift. Bewegen Sie die Finger nicht und ziehen Sie den ganzen Arm gleichmäßig von oben nach unten über das Papier. Dabei darf nur die Pinselspitze das Papier berühren.

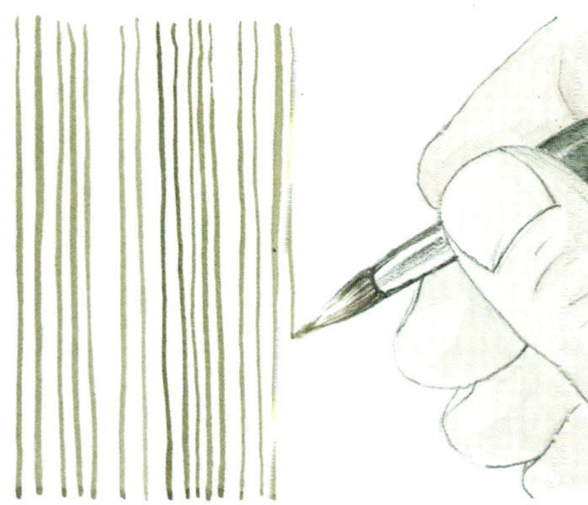

Lockere Pinselführung

Ziehen Sie dünne Striche flott über das Papier.
Die Hand liegt dabei auf und hält den Pinsel wie einen Bleistift. Sie zieht ihn, ohne dabei die Finger zu bewegen, über das Papier.

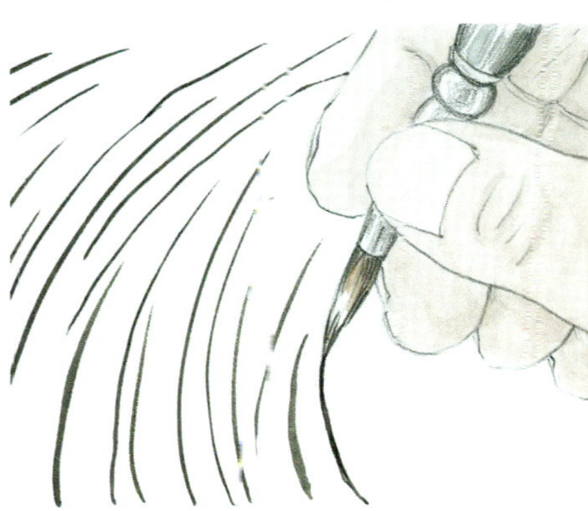

Pinseldruck

Setzen Sie die Pinselspitze auf und ziehen Sie sie langsam mit Druck nach unten. Vermindern Sie den Druck und lösen Sie dadurch den Pinsel leicht vom Papier. Hierbei dürfen die Finger bewegt werden, die Hand liegt auf.
Einge gute Vorübung zum Zeichnen von Blütenblättern.

Pinselspitze aufsetzen und mit Druck nach unten ziehen. Dann nur noch mit der Pinselspitze das Papier berühren, anschließend wieder mit zunehmendem Druck weiterarbeiten.

Beim Vermindern des Druckes wird die Richtung geändert. Eine gute Vorübung zum Aquarellieren von Gräsern.

Farbveränderung durch unterschiedlichen Pinseldruck

Durch unterschiedlich starken Druck auf den Pinsel können Sie unterschiedliche Farbkraft erreichen.

Für solche Übungen eignet sich großformatiges Papier, dann kann man den Pinsel schwungvoller führen. Halten Sie ihn senkrecht, dabei muß die Hand das Papier nicht berühren.
Die Pinselspitze mit leichtem Druck aufsetzen und nach unten ziehen,
heben,
den Druck vermehren,
abheben,
Richtung ändern.

Versuchen Sie, den Pinsel in verschiedene Richtungen zu führen, und achten Sie darauf, daß die Knickstellen der Gräser nicht auf gleicher Höhe sind. Beobachten Sie die unterschiedlichen Tonwerte, die innerhalb einer Farbe durch unterschiedlichen Pinseldruck entstehen.

Die Farben für das Motiv rechts:

Mischungen aus Lichter Ocker, Englischrot hell, Saftgrün, Paynesgrau.

Gräser und Getreide

Nun sollen die vorangegangenen Übungen mit weiteren Darstellungen ihre Anwendung finden. Dazu eignet sich ganz besonders die Thematik Gräser und Getreide.

Gräser

Gehen Sie mit flotten Pinselzügen und mit unterschiedlichem Pinseldruck von links nach rechts oder von rechts nach links über das Papier.

Wenn Sie nun, wie rechts dargestellt, rhythmische Pinselstriche von unten nach oben anordnen, entstehen schon die ersten Ansätze zur Gräsergestaltung.

Und noch ein Tip:

Wenn Sie schwungvoll malen wollen, denken Sie an die Wellenbewegung des Wassers oder hören Sie Musik dazu.

Und hier die Farben, mit denen diese Mischungen entstanden:

(links)
Kadmiumgelb dunkel und Englischrot dunkel.

(Mitte)
Kadmiumgelb dunkel, Englischrot dunkel und Indigo.

(rechts)
Kadmiumgelb dunkel, Englischrot dunkel und mehr Indigo als bei dem Beispiel in der Mitte.

Diese Gräserstudie entstand aus einem Gemisch von Indigo und Saftgrün. Sollen es bräunliche, eher getrocknete Blätter werden, arbeiten Sie mit einer Mischung aus Englischrot, Maigrün und Lichter Ocker.

Die Blätter sitzen mit lockerem Pinselstrich an dem leicht gebogenen Stiel. Durch Überschneidungen (verschiedene Richtungen) entstehen Räumlichkeit und Spannung im Motiv.

Getreide

Füllen Sie für diese Übung den Pinsel sparsam mit verschiedenen Grüntönen (hier gemischt aus Saftgrün, Englischrot und Paynesgrau).

Die Pinselspitze wird senkrecht aufgesetzt. Es entstehen je nach Druck dickere und dünnere Streifen und Flekken.

Dies ist eine gute Vorübung zu einem Getreidemotiv. So entstand auch das Motiv rechts aus einer Addition vorangegangener Übungen.

Versuchen Sie nun selbst einmal die Darstellung eines solchen Getreidemotives mit den Farben Lichter Ocker, Englischrot hell, Saftgrün, Paynesgrau und Mischungen aus diesen Farben.

Tip:

Eine Harmonie in der Farbgestaltung erreichen Sie besonders dann, wenn Sie immer wieder mit Farbresten vorangegangener Mischungen aus der Palette arbeiten und diese in den neuen Farbton einbeziehen.

Die Kaiserkrone

Nur Mut zu dieser majestätischen Pflanze! Hier können Sie vieles von dem anwenden, was Sie bisher geübt haben. Sie können dabei auch zügig vorgehen, ohne sich in Detailarbeit zu verlieren.
Mischen Sie in der Palette einen ausreichenden Farbvorrat an aus Karminrot und Kadmiumgelb hell.
Stellen Sie mit flotten, kurzen und kräftigen Pinselzügen die einzelnen Blütenblätter dar, dabei werden zunächst die hinteren Blütenblätter gemalt, dann erst die vorderen kürzeren daraufgesetzt.

Es hilft, wenn Sie zunächst diese flotten, kurzen und mutigen Pinselzüge üben. Ein kleiner Trick: Drehen Sie das Papier einfach über den Kopf, dann geht es noch leichter. Lassen Sie zunächst zur Übung nur eine Blüteneinheit entstehen. Das Endergebnis besteht aus drei solcher nebeneinandergesetzten Blüten.

Zeichnen Sie die Stempel mit einer Mischung aus Kadmiumgelb hell und wenig Karminrot, mit viel Wasser verdünnt, mit der Pinselspitze.
Die Farbe kurz einwirken lassen, dann mit dem Lappen auftupfen. Dadurch wird die Fläche unter den Stempeln aufgehellt.
Anschließend noch einmal mit dem Gelbton über die Stempelfläche zeichnen. Die Schattenwirkung auf der Blüte, am Rande der Blüttenblätter und an den Stempeln mit Paynesgrau andeuten.

Mischen Sie einen wäßrigen Farbvorrat an aus der Orangemischung und Saftgrün, Kadmiumgelb dunkel und Indigo, und malen Sie damit das gräserartige Büschel.

Aus einer Mischung von Paynesgrau, Karminrot und wenig Kadmiumgelb den Blütenstengel malen und mit dieser Mischung im grünen Bereich weiterarbeiten.

Wilde Orchidee

Versuchen Sie jetzt einmal, solch eine rhythmische Anordnung von Pinselstrichen zu erreichen. Beginnen Sie, wie in der Grafik mit Pfeilen angegeben, dabei sollen sich die Blütenblätter überschneiden. Arbeiten Sie nicht zu flüssig, sonst fließen die Farben ineinander.

Lassen Sie auf diese Weise und aus der Kombination vorangegangener Techniken z.B. ein solches Pflanzenmotiv (s. rechts) entstehen.

In diesem Falle sind die Grüntöne als Mischungen aus den Farben Indigo, Preußischblau, Kadmiumgelb dunkel und Saftgrün entstanden, die Farbmischungen für die Blüten aus Karminrot und Indigo, das Blütenbeispiel aus Ultramarinblau und Karminrot.

Beginnen Sie auch hier mit dem oberen Blatt und setzen Sie weitere Blätter wie bei der vorangegangenen Übung an.
Besonders schöne Farbergebnisse erhalten Sie hierbei durch Mischen im Pinsel (siehe Seite 7).
Arbeiten Sie weiter mit dem Stengel.

Hier können Sie auch üben, wie aus kleinen Pinselabdrücken die orchideenartigen Blüten entstehen.
Der satt gefüllte Pinsel wird schnell auf das Papier gesetzt und die Blütenform mit kurzen Pinselstrichen ausgezogen.
Die Farbnuancen entstehen zum einen durch den unterschiedlichen Pinseldruck, zum anderen durch das unterschiedliche Verhältnis von Farbe und Wasser im Pinsel.
Für die Gestaltung des Blüteninneren wird ein dunklerer Farbton in die noch feuchte Blüte gesetzt.

Wiesenstimmung mit wilder Orchidee

Mischen Sie dazu aus Indigo, Preussischblau, Kadmiumgelb dunkel, Saftgrün und Lichter Ocker die vielfältigsten Grüntöne.

Die Brauntöne entstanden aus Mischungen von Lichter Ocker, Englischrot hell, Saftgrün und Paynesgrau.

Die Blüten können Sie gestalten mit Mischungen aus Karminrot und Ultramarinblau, mit Echtviolett oder auch mit einer Karminrot-Indigomischung.

Tulpe

Die Gesetzmäßigkeiten, die die Darstellung von Tulpen mit sich bringt, sind übertragbar auf viele andere Pflanzen wie z. B. Krokus, Narzisse, Herbstzeitlose, Forsythie ...

Die Blütenblätter entstehen aus drei nebeneinandergesetzten Pinselstrichen:

Füllen Sie einen dicken Pinsel satt mit Farbe. Hier ist es eine Mischung aus Karminrot und Paynesgrau. Die Pinselspitze wird aufgesetzt und mit etwas Druck leicht gebogen flott von oben nach unten gezogen.
Wenn Sie dabei zu flüssig arbeiten, werden die Farbstreifen fleckig.

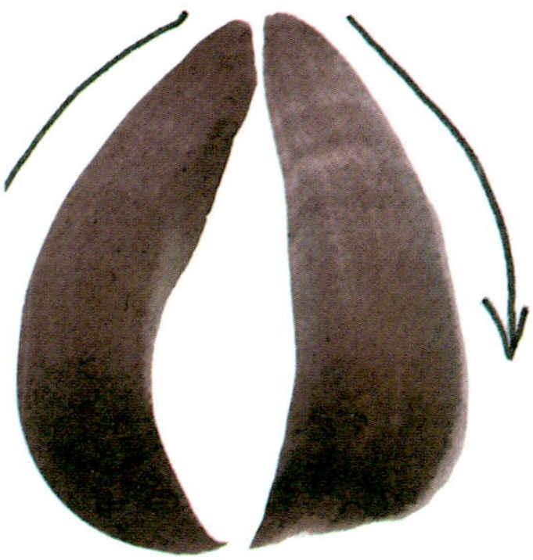

Bei dieser Tulpendarstellung sind die Blütenblätter schon leicht geöffnet.

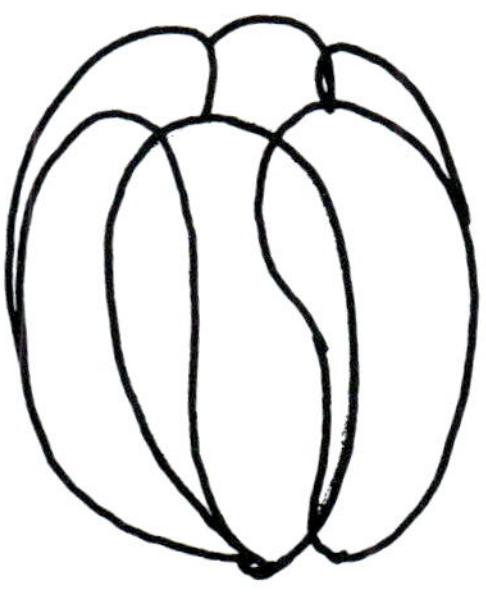

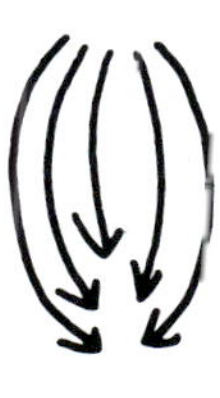

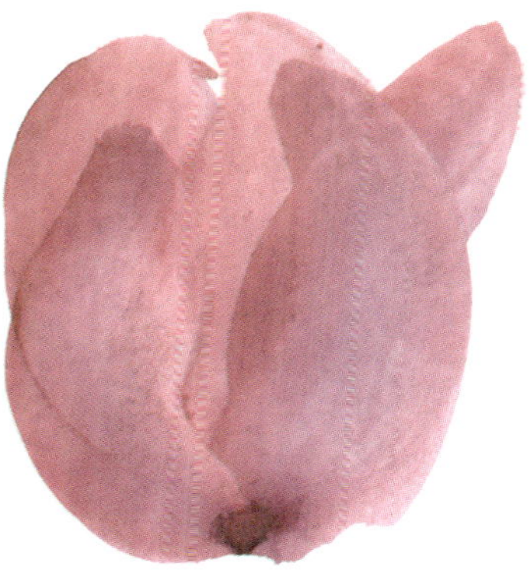

Diese halb aufgebühte Tulpenform wurde mit einer Pinselfüllung und mit breiten Pinselzügen gestaltet. Die beiden Beispiele auf dieser Seite entstanden aus Farbmischungen von Kobaltblau und Karminrot.
An der Pfeilrichtung erkennen Sie den Aufbau.

Die aufgeblühte Tulpenform (Aufsicht) entstand aus einer satten Pinselfüllung und schnellem Pinselzug von außen nach innen.

Im feuchten Zustand wurde mit einem dünnen, trockenen Pinsel die Farbe im Blüteninneren aufgenommen. Auf diese Weise werden die Blütenstempel angedeutet.

Gartenstimmung mit Krokus

Krokus

Vergleicht man die geschlossene Blütenform des Krokus mit der der Tulpe, so ist sie im Gegensatz zur Tulpe oben breit ausladend und unten schmal. Aufgeblüht ähneln sich beide in ihrer Form.

Bei den drei folgenden Abbildungen können Sie ganz genau erkennen, in welcher Reihenfolge gearbeitet wurde:

Zwei satt gefüllte, breite Pinselstriche verlaufen von oben nach unten.

Begonnen wird (in diesem Falle mit dem Farbrest im Pinsel) mit den drei hinteren Blütenblättern. Mit neu aufgenommener Farbe werden die beiden vorderen Blütenblätter gemalt.

Mit dem Farbrest im Pinsel das mittlere Blütenblatt malen, erst dann die beiden äußeren Blütenblätter. Sie erscheinen heller, da dafür keine neue Farbe mehr aufgenommen wurde.

Zum Aquarell "Gartenstimmung mit Krokus" auf Seite 25:
Die Blüten entstanden aus Farbmischungen von Karminrot, die Grüntöne aus Mischungen von Saftgrün, Lichter Ocker und Preußischblau. Die Stempel aus einer Mischung von Englischrot hell und Kadmiumgelb dunkel, die Schatten im Blüteninneren aus Paynesgrau.

Krokus-Studie

Diese Darstellungen entstanden aus einer Ultramarinblau-Karminrotmischung. Für die Blüten werden einzelne Pinselstriche von oben nach unten gezogen.

Hier wurde zunächst die Kontur eines Blütenblattes gezeichnet, dann mit einem oder zwei Pinselzügen von oben nach unten gefüllt.

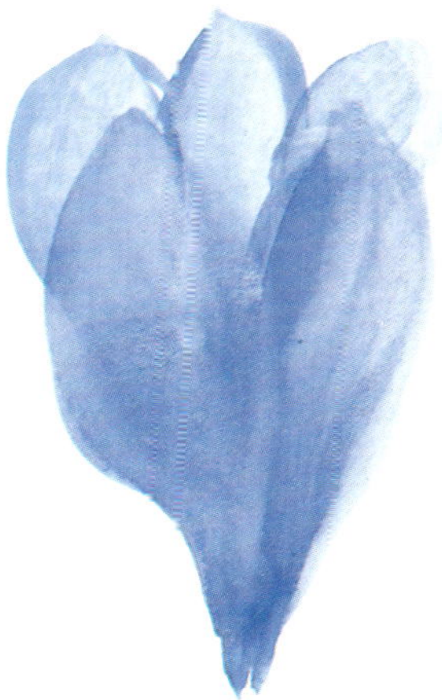

Die Helligkeit der vorderen Blütenblätter entstand durch stärkeren Pinseldruck, die Knospenblätter aus Lichter Ocker.

Mit Paynesgrau und dünnem Pinselstrich die feinen Adern auf den Knospen zeichnen.

Die Stelle, an der die Stempel angeordnet werden, mit einem feuchten, aber nicht zu nassen Pinsel aufhellen.

Die Feuchtigkeit mit dem Lappen abtupfen.

Die Stempel mit einer Mischung aus Englischrot hell und Kadmiumgelb dunkel auf dem angetrockneten Farbuntergrund mit einer Mischung aus Saftgrün, Indigo und Paynesgrau gestalten.

Die folgenden Abbildungen sollen Sie nun nicht etwa zum Malen nach Zahlen auffordern. Die Zahlen zeigen vielmehr auf, in welcher Reihenfolge die Blütenblätter gemalt wurden und wie die einzelnen Darstellungen entstanden.

Die Blüten entstehen aus den Farben Ultramarinblau und Karminrot in den verschiedensten Zusammensetzungen. Noch vielfältigere Farbnuancen ergeben sich, wenn Sie die einzelnen Farben in der Palette nicht gleichmäßig durchmischen, sondern mal vom Rand und mal von der Mitte entnehmen.

Die Knospenblätter und Stiele wurden aus einer Mischung von Lichter Ocker und Paynesgrau gearbeitet, die Blätter aus Saftgrün und Paynesgrau.

Versuchen Sie doch selbst einmal eine solche Krokus-Studie.

Farbflächen aufhellen

Bei angetrockneten und trockenen Farbflächen mit dem Pinsel klares Wasser auftragen, kurz einwirken lassen, dann mit dem Lappen die Flüssigkeit abtupfen.

Eine andere Möglichkeit, mit der Sie noch exakter aus trockenen Farbflächen Helligkeiten herausarbeiten können:

Mit dem Pinsel die Flächen anfeuchten, den Pinsel schnell im Lappen trocknen, dann mit der trockenen Pinselspitze die Helligkeit herausarbeiten.

Wenn Sie feuchte Farbflächen nachträglich aufhellen wollen, entnehmen Sie mit einem trockenen Pinsel überschüssige Farbe. Alternativ dazu können Sie feuchte Farbe auch mit dem Lappen aufhellen.

3.
2.
1.
5.
4.
6.

2.
1.
3.
5.
4
6.

Blätter und Knospen

Blätter und Knospen werden im Rahmen der Blumenmalerei oft stiefmütterlich behandelt, denn im Vordergrund steht die Blüte, der man die Beachtung schenkt. Dennoch sind sie in ihrer vielfältigen Form- und Farbgestaltung ein umfangreiches Übungsfeld.
Die Thematik eignet sich ganz besonders dazu, Grün-, Braun- und Rottöne abzuwandeln und daraus eine große Farbpalette entstehen zu lassen. Es wäre daher falsch, nur mit den Grüntönen zu arbeiten, die Sie in Ihrem Aquarellkasten vorfinden.
Um eine farbliche Harmonie im Aquarell entstehen zu lassen, kann man der Blattfarbe Reste von der Blütenfarbe beimischen.
Es gibt Blätter, die aus einem lockeren Pinselzug entstehen, andere, so zum Beispiel die ovale Blattform, können sich aus zwei leicht gebogenen Pinselzügen entwickeln, die vom Blattansatz bis zur Spitze verlaufen. Für rundere oder auch großflächige Blattarten zeichnet man

zunächst einen feuchten Umriß, der dann ausgefüllt wird.

Feine, gefiederte Blätter werden mit spitzem Pinsel dargestellt. Mehrere Pinselzüge nebeneinander ergeben ein gesägtes Blatt.
Aufhellen können Sie die nasse wie die angetrocknete Farbfläche mit dem Lappen, aber auch mit einem weiteren Pinselzug.
Die Blattadern werden mit nasser Pinselspitze auf die angetrocknete oder auf die feuchte Farbe gezeichnet.

Machen Sie selbst eine Blattstudie, experimentieren Sie mit Farbe und Pinsel, es reicht für diese Übungen zunächst auch ein einfaches Schreibmaschinen- oder Zeichenblockpapier.

Darstellung eines geknickten Blattes

Füllen Sie den Pinsel satt mit einem Grünton und malen Sie damit ein Blatt.

Mit der gleichen Pinselfüllung wird die umgeknickte Fläche mit zwei Pinselzügen von oben nach unten dargestellt.

Aufhellen können Sie das getrocknete Blatt, aber auch die noch feuchte Farbfläche, um die Blattadern darzustellen (s. Seite 28).

Knospendarstellung

Aus einer Mischung von Saftgrün und Indigo zunächst die hinteren, dann die vorderen Knospenblätter malen. Den Farbton mit Lichter Ocker aufhellen und damit den Stiel andeuten.

Mit der restlichen Grünmischung, verfeinert durch Paynesgrau, verhältnismäßig trocken und mit feinem Pinsel die Blattadern und die Stielstruktur zeichnen.

Mit Karminrot locker die aufspringenden Blüten andeuten, die Schattenstellen mit Paynesgrau.

Anemone und Wildrose

Mit der Zeit werden Sie durch die genaue Beobachtung der Blüten Gesetzmäßigkeiten erkennen, die sich wiederholen.
Viele Blumen bestehen aus zungenförmigen Blättern, die strahlenförmig um den Blütenboden angeordnet sind, beispielsweise die Sonnenblume und die Aster. Solche Blütenblätter lassen sich mit einem Pinselzug darstellen.
Ob sie spitz oder flach auslaufen, breit oder schmal, liegt am Aufsatz des Pinsels und am Druck, den Sie beim Auftragen der Farbe auf den Pinsel ausüben.

Die Blütenblätter werden strahlenförmig um eine gedachte Mitte angeordnet. Um dies zu erreichen, sollten Sie die Richtung der Pinselführung entsprechend anpassen.
Hier zunächst einige Übungen mit ovalen und eingebuchteten, fast herzförmigen Blütenblättern. Es könnte eine Anemone oder eine Wildrose daraus werden.

Mischen Sie dazu einen satten, aber nicht zu flüssigen Vorrat an Ultramarinblau in der Palette Ihres Malkastens an. Bei dieser Malweise wird zunächst die Kontur der Blüte gezeichnet, dann gleich ausgefült, und weiter geht es mit der nächsten Kontur usw.
Die einzelnen Pinselstriche zum Ausfüllen der Konturen verlaufen geschwungen parallel zur Blattform von außen nach innen. Das ergibt die Schattenwirkung (Bildtiefe).

Die einzelnen Blütenblätter sollten mit einer Pinselfüllung gemalt werden.
Das Blüteninnere wurde mit der Pinselspitze und Paynesgrau teils in die feuchte, teils in die schon angetrocknete Farbe getupft.

Durch den flotten, spontanen Pinselzug wirkt die Komposition besonders lebendig.

Experimentieren Sie mit verschiedenen Farben und Zusammenstellungen von Blüten. Dabei können Sie schon Ihre Erfahrungen im Darstellen von unterschiedlichen Blatt- und Knospenformen einbeziehen.

Zur Komposition

Wie bei einer guten Story können Sie auch bei Ihrer Bildgestaltung Spannung erreichen.
Dabei gibt es ein paar dramaturgische Hilfen, so z.B.:
die Motive nicht unbedingt auf der Papiermitte anordnen;
die Trennung von Hinter- und Vordergrund möglichst nicht über die Bildmitte verlaufen lassen;
mehrere Blüten nicht auf gleiche Höhe bringen;
das Blüteninnere nicht exakt in der Mitte der Blumen malen;
durch Überschneidungen versuchen, Bildtiefe zu erreichen.
Wenn Sie aber gleichmäßige Anordnung der Blüten oder Blätter erreichen wollen, wie zum Beispiel bei dem Aquarell "Gartenstimmung mit Krokus" (s. Seite 25), so gilt es, sie durch Farbkontraste und durch Gegenbewegungen zu stören, um dadurch wieder eine neue Spannung zu erreichen.

Komposition aus großen und kleinen Blüten

Das folgende Beispiel habe ich für Sie mit Aquarellfarben skizziert.
Die Skizzen in verschiedenen Schritten zeigen, wie die Komposition entstanden ist.

Zunächst habe ich das Motiv mit Bleistift auf Papier geplant. Die Bildvorstellung war folgende:
Drei Blüten stehen im Mittelpunkt;
die Blütenblätter sollen sich teilweise überschneiden;
die vordergründige Blüte wiederholt sich im Hintergrund;
bei der Anordnung der Blüten sollen die Blütenmitten nicht auf einer Ebene liegen;
verschieden große Blütenformen treffen aufeinander;
die dominierenden großflächigen Blüten werden durch Kleinblütiges aufgelockert und belebt.

Wenn Sie mit dem Aquarell beginnen, so arbeiten Sie nicht die Vorzeichnung aus, das würde den spontanen Pinselstrich einengen und dem natürlichen Farbverlauf entgegen wirken.
Rühren Sie einen ausreichenden Vorrat aus Krapplack dunkel und wenig Ultramarinblau an.
Die Umrisse der einzelnen Blütenblätter werden feucht gezeichnet und von außen nach innen mit Farbe gefüllt. Die Helligkeiten entstehen durch unterschiedlichen Pinseldruck.
Den Farbüberschuß zur Blütenmitte sammeln und in die noch feuchte Farbe mit spitzem Pinsel Paynesgrau tupfen.

Für die kleineren blauen Blüten einen Farbvorrat aus Ultramarinblau anrühren. Das Blau mit etwas Karminrot oder auch mit sehr wenig wäßrigem Paynesgrau abstufen.
Die orangefarbenen Blüten mit einer Mischung aus Kadmiumrot hell und Paynesgrau tupfen.
Versuchen Sie nicht, die einzelnen Blüten zu kopieren. Es gibt dem Bild viel mehr Spannung und Lebendigkeit, wenn sie wie in der Natur ungleichmäßig ausfallen.

Für die Blütenmitten Indischgelb mit einer Spur Kadmiumrot abstufen. Beim Auftragen der Farbe den angrenzenden Farbton leicht auflösen.
Die Blütenmitte mit Paynesgrau und einem Paynesgrau-Preußischblau-Gemisch in die noch feuchte Farbe tupfen.

Für die Grüntöne wird Chromoxydgrün stumpf mit einer Spur Paynesgrau und Preußischblau abgestuft.

Blütenböden

Haben Sie schon einmal die Vielfältigkeit der Blütenböden studiert? Es lohnt sich bestimmt. Besonders eindrucksvoll ist der große Blütenboden der Sonnenblume, aber auch das gewölbte Körbchen des Türkischen Mohns und der Anemone, umringt von vielen schwarzblauen Staubgefäßen. Die Farben gehen von Blauschwarz über Rotbraun, Orange, Gelb und Grün bis zu einem weißen Ton.

Manche Blütenböden sind in der Mitte hell, einige dunkel. Es gibt dunkle Böden mit hellen und helle mit dunklen Staubgefäßen.

Also, nehmen Sie ruhig einmal einen Bleistift und zeichnen Sie das, was Sie sehen. Es schult gewiß Ihre Beobachtungsgabe.

Beim Übertragen in die Aquarellmalerei sollten Sie Blütenböden nicht in allen Einzelheiten darstellen, sondern sie eher andeuten und einzelne Staubgefäße darauf setzen.

Sehen Sie sich doch daraufhin einmal ganz bewußt an, wie die Blütenböden in diesem Buch mit Aquarellfarben dargestellt wurden.

Licht- und Schattendarstellung

Spannung im Bild entsteht auch durch Licht und Schatten. Aufhellungen (Lichtstellen) erreichen Sie mit dem Lappen, mit dem wäßrigen Pinsel oder durch Einwirkung des Papierweißes in die Gestaltung. Unterschätzen Sie nicht, wie groß die Bedeutung des weißen Malgrundes ist. Haben Sie Mut, Stellen frei zu lassen, das Papier nicht "vollzumalen".

Schattierungen entstehen mit entsprechend abgetönter, möglichst verwandter Farbmischung, mit intensiverer Farbe des gleichen Farbtones oder auch mit Farbüberschuß, der auf dem Papier antrocknet.

Bildtiefe

Oftmals ist ein Aquarell sehr dekorativ, wirkt jedoch flach, weil man die Gesetzesmäßigkeiten der Perspektive außer acht ließ.

Räumlichkeit können Sie durch Licht und Schatten erreichen, durch Aufhellen oder Abdunkeln einzelner Farbflächen. Bei der Blumendarstellung kann ein Motiv durch die Plazierung vor einem dunklen Hintergrund optisch in den Vordergrund gerückt werden. Räumlichkeit kann auch entstehen, wenn ein Blatt oder eine Blüte mehr in den Vorder- oder Hintergrund gerückt wird (Überschneidungen).

Mohnblüten

Sehen Sie sich die Anordnung und Richtung der Pinselzüge an, mit der eine solche Blütenform entstehen kann.

Mischen Sie einen ausreichenden, satten Farbvorrat aus Karminrot und Echtorange in der Palette Ihres Farbkastens an.
Damit wird zunächst die Kontur schnell und flüssig gezeichnet, dann mit der satten Farbmischung ausgefüllt. Dabei ist es wichtig, daß der Pinselstrich von der Kontur aus zur Blütenmitte verläuft (s. Pfeilrichtung). Setzen Sie die Blätter am besten im Uhrzeigersinn aneinander.
Durch Druck auf den Pinsel entstehen Lichtflächen, und dort, wo sich die Farbflüssigkeit sammelt, die Dunkelheiten.
Mit Paynesgrau werden die Blütenkörbchen gemalt, und mit einem dünnen, spitzen Pinsel die zarten Staubgefäße. Ordnen Sie die Blütenkörbchen nicht exakt in der Mitte der Blüte an.
Die Knospen mit einem Gemisch aus Indischgelb und Paynesgrau und dem Rest des Rot-Vorrates malen.

Anschließend mit spitzem Pinsel und einem mit Preußischblau abgestuften Grünton die feinen Strukturen der Knospen zeichnen.

Die Schatten in den Blüten anschließend mit Paynesgrau auf den getrockneten Farbuntergrund lasierend auftragen.

Tagetes

Auch diese Blütenform kommt in vielen Variationen vor. Mischen Sie die Farbe für die Blüte aus Kadmiumgelb dunkel und wenig Englischrot.
Die Kontur wird gezeichnet und ausgefüllt wie bei der Anemone oder auch beim Mohn.
Lassen Sie im Bluteninneren Papierweiß stehen.

Aus einer Karminrot-Paynesgrau-Mischung wird der dunkle, rostrote Innenteil dargestellt.

Feinarbeit am Blüteninneren

Der Braunton wird mit dünnen Pinselstrichen und wäßrigem Kadmiumgelb dunkel aufgehellt, dadurch löst sich der Farbuntergrund, und es entsteht eine hellere Strichführung.

Weiterarbeiten auf der getrockneten Innenfläche:
Mit einer Mischung aus Paynesgrau und Karminrot feine Pinselstriche dazwischensetzen.
Je nachdem, wieviel Papierweiß Sie in der Mitte stehen lassen, ergibt sich ein hellerer oder ein dunklerer Blütenboden.

Zum Aquarell auf Seite 47:
Aus einer Mischung von Chromoxydgrün stumpf, Saftgrün, Paynesgrau, Kadmiumgelb dunkel und Karminrot wurde das Blattgrün mit flotten Strichen gestaltet.

Strahlenförmig angeordnete Blüten

Bei Margerite, Sonnenblume, Aster, Dahlie oder auch Gänseblümchen und Löwenzahn sind die Blütenblätter strahlenförmig angeordnet.
Vielleicht erinnern Sie sich noch an das kleine Rätsel, das man mit solchen Blumen zu lösen versuchte:
Liebt er mich oder liebt er mich nicht?
Die Anzahl der Blütenblätter entschied darüber.

Studieren Sie ruhig einmal auf diese Weise die Blüten:

Unterscheiden Sie zwischen der gefüllten und ungefüllten Form, zwischen langen, breiten oder schmalen Blütenblättern, zwischen Blüten mit kleinen oder großen Blütenkörbchen...

Diese Blütenform können Sie leicht mit flotten, schwungvollen Pinselzügen in Aquarellmalerei übertragen.
Wichtig ist, daß die Pinselstriche im leichten Bogen von außen zur Mitte verlaufen (siehe richtungsweisende Pfeile) und nicht starr um den Blütenboden angeordnet werden.

Gerade bei der wäßrigen Paynesgrau-Schattendarstellung der Blüte wirkt das Papierweiß mit bei der Gestaltung der Blütenform.
Die Schattenwirkung wurde vertieft mit einer Spur Krapplack und wenig Graugrün, das anschließend für die Gestaltung des Blattwerkes und für die Umrandung der endgültigen Blütenform verwendet wurde.

Das Aquarell rechts entstand aus den Farben:
Kadmiumgelb hellst
Coelinblau
Kobaltblau
Kadmiumrot dunkel
Kadmiumorange dunkel
Saftgrün
Paynesgrau
und Mischungen daraus.

Gefüllte Dahlie

An der Entstehung dieses Dahlienmotives können Sie sehr gut die verschiedenen Tonwerte innerhalb einer Farbe erkennen, sei es im Rot- oder im Grünbereich. Diese Möglichkeit, Licht und Schatten darzustellen, erreichen Sie durch satteren oder auch wäßrigen Farbauftrag, durch mehrmaliges Auftragen der Farbe oder aber durch die lasierende Technik (Auftrag einer weiteren Farbschicht auf den angetrockneten oder trokkenen Farbgrund).

Mischen Sie für die Blütenblätter einen ausreichenden Farbvorrat aus Brillantrot und Kadmiumrot dunkel in der Palette Ihres Aquarellkastens.

Stellen Sie mit flottem, rhythmischem Pinselzug schwungvoll von außen nach innen die Blütenblätter dar. Sie entstehen jeweils durch zwei aneinandergesetzte Pinselzüge. Tupfen Sie mit Paynesgrau in der Blütenmitte Körbchen und Blütenstempel ein, und gehen Sie anschließend noch einmal mit dem etwas satteren Rotton über die Blüten, um die Schattenwirkung zu erreichen.

Mischen Sie für die Blätter einen Grünton aus Saftgrün und Indigo und stufen Sie diese Mischung für einen anschließenden intensiveren Farbauftrag noch einmal ab, um auch dort Schattenstellen anzudeuten (s.u.).

Sonnenblume

Besonders beeindruckend ist die Sonnenblume mit ihrem tellerförmigen Mittelpunkt.
Bei der Gestaltung der Blütenböden kann zum Beispiel das Papierweiß Lichtfleck sein (s. Blüte oben) oder aber ein Hell-Dunkel-Kontrast, der durch Ineinanderlaufen von hellen und dunklen Farbtönen entsteht (s. Blüte unten).

Die gelbe Sonnenblume entstand in der Naß-in-Naß-Technik, die Schattenwirkung der rotblütigen Sonnenblume rechts in der lasierenden Technik.

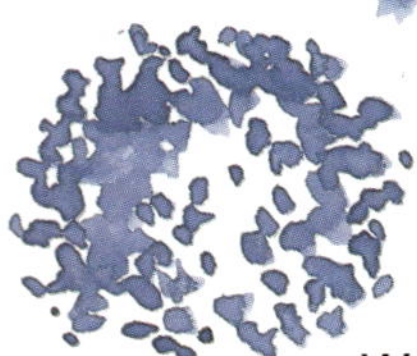

Getupfte Blüten

Haben Sie schon einmal versucht, aus vielen kleinen Pinseltupfen Blüten entstehen zu lassen? Auf diese Weise können Sie all die ballähnlichen Blüten wie Hortensie, Schneeball, Nelken und auch anderes Kleinblütiges darstellen.

Üben Sie zunächst einmal mit verschieden starken Pinseln und einer Mischung aus Karminrot und Ultramarinblau.

Je größer der Pinsel, desto größer die einzelnen Blütenblätter.

Drücken Sie die Pinselspitze tupfend auf das Blatt. Abhängig von Pinselstärke und Pinseldruck entsteht dann ein kleineres, dickeres oder dünneres Blütenblatt.

Halten Sie den Pinsel leicht schräg, so entstehen länglichere Tupfen, kommen Sie direkt von oben, werden die einzelnen Blüten runder.

Je mehr Farbe Sie im Pinsel haben, desto großzügiger können Sie arbeiten. Wenn Sie für diese Technik mit dünnem Bleistiftstrich Kreise in der Größe der gewünschten Blüten vorzeichnen, fällt

es Ihnen leichter, die Rundung einzuhalten. Beginnen Sie mit dem äußeren Rand und arbeiten Sie sich nach innen vor. Dadurch ist die sattere Farbe außen, die hellere innen - das ergibt Räumlichkeit. Während hier und dort die Farbentupfer zusammenlaufen, müssen Sie natürlich auch Lichtflecken (Papierweiß) stehen lassen.

Um Räumlichkeit zu erreichen und Schatten darzustellen, gehen Sie anschließend noch einmal mit weniger flüssiger Farbe tupfend über Teile der Blüte.

Einen traubenförmigen Blütenstand können Sie auf die gleiche Weise tupfen. Füllen Sie den Pinsel reichlich mit Farbe und arbeiten Sie von unten nach oben. Beginnen Sie mit dichteren Farbflecken und setzen Sie sie nach oben hin lockerer (mehr Papierweiß). Mit satterer Farbmischung (in diesem Falle ist es Ultramarinblau) entstehen dann die Schattenwirkungen und das kleine Blattgrün aus einer Mischung von Saftgrün und Paynesgrau.

Sehen Sie sich dazu auch das "getupfte" Aquarell auf Seite 58/59 an.

Blumen aus vielen kleinen Blüten

Wenn Sie genau beobachten, werden Ihnen viele Blumenarten auffallen, die sich aus vielen kleinen Einzelblüten zusammensetzen. Nicht nur die Hortensie, der Schneeball oder die Forsythie, sondern auch Rittersporn, Glycinie, Lupine und vieles mehr.
Mit einzelnen Pinselzügen können Sie diese kleinen Blüten und Blütenknospen darstellen. Versuchen Sie es selbst einmal, und achten Sie dabei darauf, wie sich die Farbe beim Auftragen verhält.
Eine sich öffnende Knospe wird hier mit zwei Pinselzügen gemalt. Wenn Sie eine halb aufgeblühte Blüte oder eine Seitenansicht darstellen wollen, drücken Sie zunächst die einzelnen Blütenblätter gefächert mit flachem Pinsel auf und setzen dann die einzelnen Blütenblätter dicht nebeneinander (s. Pfeilrichtung).

Lerchensporn

Mit verschiedenartigen Pinselabdrücken können solche Blütendetails entstehen. Versuchen Sie es einmal durch unterschiedliche Pinselhaltung in Kombination mit Pinseldruck und Pinselzug.

Die strahlenförmig angeordneten Blätter entstanden aus einer Mischung von Saftgrün und Paynesgrau, die Schattenwirkung aus Abstufungen im Grün.

Rittersporn

Auch der Rittersporn besteht aus vielen kleinen Einzelblüten, in diesem Falle sind sie blau und violett. Sie entstanden aus Mischungen von Kobaltblau, Ultramarinblau und Karminrot. Versuchen Sie selbst einmal die Beispiele nachzuvollziehen und eine solche Pflanze zu malen.
Das Blüteninnere wurde mit Paynesgrau herausgearbeitet, das Blattgrün aus einer Mischung von Saftgrün, Preußischblau und Paynesgrau.

Glycinie

Auch hier setzen sich die Blüten aus einzelnen schwungvollen Pinselzügen zusammen.

Es ist leichter, diese hängende Pflanze von unten zu beginnen, sozusagen über Kopf zu malen: die schmaleren Blütenblätter mit einem Pinselstrich, die breiteren mit zwei bis drei Pinselstrichen.

Diese Blüte wurde mit einer Mischung von Ultramarinblau, Karminrot und Paynesgrau mit nur einer Pinselfüllung gemalt, danach wurden einzelne trockene Blütenflächen mit einem Blauton lasierend gestaltet.

Für die Arbeit an Blättern, Blütenansatz und Stielen wird das Blatt gedreht.

Für die Brauntöne wurde die Violettmischung mit Saftgrün abgestuft, für das Blattgrün die gleiche Mischung mit Kadmiumgelb und Saftgrün aufgehellt.

Mit einer Mischung aus Kadmiumgelb dunkel und Paynesgrau anschließend einzelne Teile der getrockneten violetten Farbflächen zart überziehen (lasieren).

Die Erfahrung, die Sie an einer kleinblütigen Pflanze wie der Glycinie gesammelt haben, können Sie auch auf andere Arten übertragen, so z. B. auf den wilden Klee (s. unten).

Fingerhut

Aus einer satten und flüssigen Mischung von Karminrot und Ultramarinblau zwei Pinselzüge von oben nach unten nebeneinander setzen.
Mit der Farbe, die sich am unteren Rand gesammelt hat, die ovale Öffnung herausarbeiten.
Mit Wasser die Farbe an der Pflanzenöffnung aufhellen und mit dem Lappen abtupfen.
In die noch feuchte oder leicht angetrocknete Farbe mit Paynesgrau die Stempel zeichnen.
Mit einer Mischung aus Saftgrün und Paynesgrau die Blätter darstellen.

Lupinen

Durch kurze, gegeneinander gesetzte Pinselzüge entsteht diese Blüte: nach unten hin breiter, nach oben hin schmaler verlaufend.

Mischen Sie Karminrot mit einer Spur Paynesgrau oder einen satten Farbvorrat aus Karminrot und Ultramarinblau, und versuchen Sie einmal, die einzelnen Blüten zu zeichnen und die Dolden wachsen zu lassen.

Die Grüntöne entstanden aus einem Gemisch aus Saftgrün, Paynesgrau, Preußischblau, Lichter Ocker und Kadmiumgelb dunkel. Eine Farbharmonie wurde erreicht, indem die vorangegangenen Farbmischungen immer wieder in die neuen Farbtöne einbezogen wurden.

Lilie

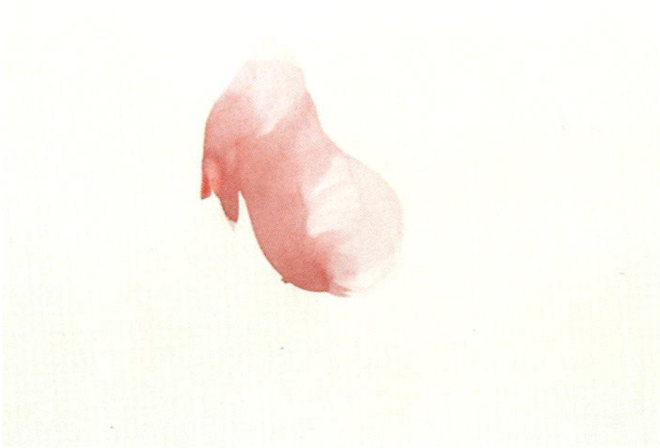

Mit Krapplack dunkel und dickem Pinsel den Umriß des oberen Blütenblattes zeichnen und schnell wäßrig ausfüllen.

Weiterarbeiten auf die gleiche Weise mit dem linken Blütenblatt und den vorderen beiden Blütenblättern.

Das Blüteninnere mit einer Mischung aus Paynesgrau und Krapplack dunkel auf dem angetrockneten Farbuntergrund darstellen. Die Blütenstempel mit spitzem Pinsel und schnellen Zügen am äußeren Rand des dunklen Farbtones beginnen lassen.

Die Knospe mit einer dünnen Farbschicht andeuten, dann mit einem satteren Farbüberzug ausarbeiten.
Aus einer Mischung von Krapplack dunkel, Paynesgrau und einer Spur Saftgrün den Stiel malen.

Mit der gleichen Mischung die Blütenstempel zeichnen.
Den Farbton mit Krapplack beleben und damit das Blatt danebensetzen.

Weitere Titel zum Thema Aquarellmalerei:

Lisbet Braren - Weinrich
Aquarellmalerei - Einführungs- und Aufbaukurs
Die Münchner Künstlerin hat den Kurs in einzelne Lernschritte unterteilt, die leicht vollzogen werden können und schon sehr bald zu ersten Malerfolgen führen. Dabei gibt sie Anregungen zur Entwicklung eines eigenen Malstils.
72 Seiten, 52 Farbfotos
TOPP 1061 ISBN 3-7724-1061-8

Lisbet Braren - Weinrich
Aquarellmalerei
Blumen
Der große Erfolg des ersten Bandes ermunterte die Autorin, einen zweiten folgen zu lassen. In der gewohnten Gründlichkeit und Anschaulichkeit lehrt sie das Aquarellieren von Blumen. Dabei geht es allerdings ausschließlich um Blumen "im Haus".
72 Seiten, 47 Farfotos
TOPP 1162 ISBN 3-7724-1162-2

Lisbet Braren - Weinrich
Aquarellmalerei
Landschaften
Die Autorin erweitert den Themenkreis ihrer Bücher zur Aquarellmalerei. Im Mittelpunkt steht nun die Landschaftsmalerei.
Der Leser wird mit Hilfe von 14 Übungen nach und nach an dieses Sujet herangeführt.
72 Seiten, viele Farbfotos
TOPP 1303 ISBN 3-7724-1303-X